ÉDUCATION

DE LA

FAMILLE

PAR

le Comte Georges DE LA ROCHE-AYMON

PARIS

LIBRAIRIE SAINT-PAUL

6, rue Cassette, 6

Education de la Famille

En vente à la même librairie:

DU MÊME AUTEUR

L'Education de la jeunesse.

L'Education de la famille.

L'Education de la société (*en préparation*).
(*Etudes sociales.*)

ÉDUCATION

DE LA

FAMILLE

PAR

le Comte Georges DE LA ROCHE-AYMON

PARIS

LIBRAIRIE SAINT-PAUL

6, rue Cassette, 6

L'auteur n'a pas la prétention, en écrivant ces lignes, d'enseigner une méthode nouvelle d'éducation de la famille; il n'a qu'un désir, celui de rappeler, en quelques pages fort simples et sous la forme d'un plan très précis et très net, à chacun de nous ses droits et ses devoirs trop longtemps oubliés, afin qu'à l'heure même où la Providence nous apportera la grande victoire libératrice, et nous conviera à nous aimer davantage les uns les autres, avec plus de charité chrétienne, nous puissions guérir plus rapidement nos plaies sanglantes, et reconstituer sur des assises dorénavant inébranlables, pour la gloire de Dieu et la grandeur de la Patrie, la vraie famille chrétienne, que cette guerre impie et criminelle a achevé de détruire.

Comte G. DE LA R.-A.

Education de la Famille

OBSERVATIONS GÉNÉRALES

La guerre infâme que le Kaiser a déchaînée volontairement en Europe, pour satisfaire sa passion criminelle de dictateur mondial, et qu'il a dirigée tout particulièrement contre la France, et en même temps contre le catholicisme, auquel il a voué, depuis de longues années, une haine féroce, a bouleversé dans chaque pays l'édifice social, a arrêté dans le monde entier la vie économique, et a renversé dans toutes les nations belligérantes le foyer familial.

Ces effroyables perturbations ont eu des conséquences d'autant plus graves, qu'elles sont arrivées au moment où, dans tous les pays de l'Europe, et même chez nous, soufflait un vent terrible d'impiété et de révolte contre toute idée religieuse, et contre toute autorité ; de telle sorte que l'ébranlement de la société et de la famille a été plus complet, là où les fondements avaient déjà été détruits en partie par des doctrines impies et des lois néfastes.

Ces actes criminels, commis contre nous avec tant de perfidie par l'Allemagne, et toutes les intrigues scandaleuses de cette dernière pendant quarante années ont eu pour but de ruiner nos finances, de détruire notre vie industrielle et commerciale, de bouleverser notre vie politique et morale, en encourageant tout ce qui pouvait nuire à nos intérêts généraux ou particuliers et à notre prospérité.

En effet, c'est bien à l'influence néfaste de l'Allemagne que nous devons la violence de nos querelles intestines, certaines lois dangereuses contre la famille et la religion, et surtout la propagation de certains

ouvrages très pervers, répandus à profusion à l'effet de discréditer la France à l'étranger, et d'ameuter contre elle le monde entier, à l'heure où les Allemands se jetteraient sur nous comme de véritables bandits et des cambrioleurs de barrière.

Ces faits, qui sont indiscutables, établissent la préméditation, non seulement du Kaiser, mais encore de tout le peuple allemand et en particulier des socialistes allemands, qui sont, en réalité, les meilleurs agents de l'empire germanique et les ennemis les plus acharnés de notre belle France.

Et, du reste, dès l'ouverture des hostilités, pour achever l'exécution de son plan diabolique, Guillaume II donnait l'ordre à ses officiers et à ses troupes transformées en groupes d'apaches et de barbares, de massacrer sans aucune pitié les hommes et les enfants, de torturer avec cruauté et avec joie les femmes et les vieillards, de détruire et d'incendier avec rage toutes les églises catholiques, les ambulances et les monuments historiques, afin de terroriser les populations et de faire disparaître la race française, en attendant d'asservir ceux qui échapperaient à la rage teutonne.

En réalité, les instructions formelles de l'empereur d'Allemagne ont été exécutées à la lettre par ses chefs de bande galonnés ; et c'est pourquoi ces hordes sauvages ont cyniquement semé partout la mort, la honte et la destruction, et ont commis les actes les plus déshonorants et les plus révoltants.

Néron lui-même n'aurait certainement pas osé en faire autant...

Mais cette guerre terrible, qui fera inscrire dans l'histoire le Kaiser comme le plus méprisable des barbares, et comme le plus grand assassin de tous les temps, a malheureusement déchaîné un peu partout les basses passions humaines, a développé la cruauté animale de l'individu, son immoralité naturelle et ses mauvais instincts, et a fait naître des habitudes dangereuses de libertinage, ainsi que des besoins d'indépendance, ce qui a amené fatalement la rupture de la vie familiale, et déterminera, dans bien des cas, la destruction complète du foyer.

En effet, le père a dû quitter le toit familial au lendemain de la mobilisation, la mère elle-même s'en est allée au dehors pour gagner sa vie, la fille a pris du travail à l'usine et le fils s'est engagé ; de ce fait, la vie de famille, pour beaucoup, s'est trouvée en partie rompue par la force même des choses, tandis que pour beaucoup d'autres le foyer lui-même est définitivement détruit, car la vie chrétienne, qui seule unit les cœurs et les âmes, n'existait déjà plus dans certains de ces ménages modernes.

Aussi les uns ont subi les conséquences de cette nouvelle vie sans trop de chagrin, et les autres sans regret, car beaucoup d'entre eux avaient déjà pris depuis longtemps des habitudes de liberté et d'émancipation, qui devaient nécessairement les conduire à un besoin de licence.

C'est pourquoi, dans tous les milieux sans idées religieuses, la guerre a eu ce résultat scandaleux et démoralisant de rompre à jamais la vie de famille et de détruire l'esprit du devoir.

Devant ce fait angoissant et inquiétant, qui aura des conséquences fort graves au point de vue social et au point de vue moral, nous devons chercher au plus vite à enrayer le mal, et à refaire l'éducation de la famille sur des bases essentiellement chrétiennes, si nous voulons vraiment reconstituer à nouveau le foyer domestique, qui est le principe même de la vie normale pour toute nation appelée à se développer et à prospérer.

Puisse l'épreuve douloureuse et sanglante que nous traversons nous obliger à élever avec plus de confiance encore nos cœurs et nos âmes endoloris vers le Dieu de bonté et de miséricorde, et à mener dorénavant une vie plus intime, plus simple et plus chrétienne et, par suite, plus conforme à nos besoins actuels et aux traditions de notre race, et surtout à avoir l'esprit chrétien qui nous permettra de solutionner, sans heurts trop violents, les graves problèmes sociaux de demain !

LA FAMILLE

La famille est le groupement de plusieurs êtres humains qui, unis d'une façon absolue par des liens naturels, légitimes et moraux, doivent s'aimer, s'aider les uns les autres, suivant les règles de la charité chrétienne et coopérer ainsi tous à la défense et à la grandeur du foyer.

La famille est la cellule sociale, qui, pour vivre, s'épanouir et s'étendre, doit avoir pour bases certaines trois lois indiscutables :

1º La loi de stabilité, qui donne au mariage sa raison d'être, sa force et sa moralité.

2º La loi d'autorité, qui donne au père le droit et le devoir rigoureux de commander, de diriger et de défendre la famille, et qui confie à la mère, véritable vestale chrétienne, la tâche délicate et sublime d'entretenir au foyer le feu sacré de la foi des ancêtres.

3° La loi d'amour, qui unit plus tendrement et plus chrétiennement entre eux les membres de la famille, et facilite ainsi à chacun l'accomplissement de ses droits et de ses devoirs à l'égard de tous.

Il s'ensuit que la famille ne peut logiquement et moralement exister qu'aux conditions suivantes :

1° Le mariage doit être religieux et, par conséquent, indissoluble, pour que le foyer ne puisse pas, dans l'intérêt même de la famille, être rompu.

Cette condition est indispensable pour permettre à chacun des membres de la famille de faire l'effort constant, voulu et exigé en faveur du bien-être commun, et d'obtenir de la sorte la récompense de son travail et de son dévouement.

En effet, il serait profondément injuste et scandaleux d'imposer des devoirs à ceux qui n'auraient pas la certitude absolue d'avoir en échange des droits indiscutables et permanents; autrement, il y aurait, au moment de la rupture maritale, tromperie à l'égard de l'un des époux et à l'égard des enfants, auxquels on aurait beaucoup demandé pendant le mariage, et auxquels il ne serait plus rien donné dans l'avenir après le divorce.

2° L'autorité paternelle doit s'exercer réellement et s'imposer d'une façon effective pour donner une direction constante, intelligente et morale aux membres de la famille.

3° Les enfants doivent se soumettre de bonne grâce et obéir respectueusement à la volonté paternelle.

4° Il doit exister, en toute circonstance, entre les parents et les enfants une confiance absolue, une affection très sincère et une communion constante d'idées, afin de leur rendre plus facile et plus agréable l'exercice nécessaire de leurs droits et de leurs devoirs réciproques.

5° Chacun doit travailler avec un même courage et un même dévouement à la défense et à la prospérité de la famille, en obéissant aux sages prescriptions de la loi morale.

C'est en réalité cette union complète de sentiments et d'efforts, et cette observance raisonnée et voulue de la loi morale, qui constituent vraiment la force réelle de la famille et son utilité indiscutable.

ÉDUCATION DE LA FAMILLE

La famille est la base de toute société, puisque la société est le groupement des familles ; il est donc rationnel d'assurer tout d'abord la vie naturelle et chrétienne de la famille et son développement normal, si on veut être certain de travailler, d'une façon efficace, à la grandeur matérielle, intellectuelle et morale de la société.

Par conséquent, puisque la famille est la cellule sociale, et que la prospérité et la décadence de la société dépendent de l'éducation de la famille, il s'ensuit nécessairement que, pour obtenir une société forte et respectée, il faut avant tout s'attacher à donner à la famille une constitution très saine, à enseigner à ses membres le respect de l'autorité paternelle, la piété filiale, l'amour du foyer et le culte des ancêtres, en même temps que la soumission à la loi divine, et la pratique de la charité chrétienne.

C'est du reste pour avoir oublié ces principes fondamentaux de morale et de logique, que Rome a vécu des heures tragiques, et a péri misérablement au moment même où s'écroulait dans le désordre et la débauche la famille romaine.

LA DIRECTION DE LA FAMILLE

Si l'éducation de la jeunesse, comme nous l'avons déjà démontré, est la cause directe du bonheur ou du malheur de la famille, il est du devoir rigoureux des parents de s'occuper eux-mêmes de cette éducation et surtout d'exiger que ce droit sacré leur soit réservé, d'autant plus que l'enfant appartient tout entier à la famille, et n'aura que plus tard des devoirs envers l'Etat.

Toute autre doctrine est fausse, et doit être combattue avec énergie comme nuisible aux droits et aux intérêts même de la famille.

Du reste, ceux qui prétendent laisser à l'Etat le droit de former l'intelligence et le cœur de l'enfant n'ont, en réalité, qu'une pensée, celle de combattre dans la jeunesse toute idée religieuse donnée par les parents, ce qui est une folie dangereuse et une absurdité coupable, car les devoirs envers Dieu sont inscrits au premier rang de tous les devoirs dans toute société civilisée, puisqu'ils répondent à un besoin de la nature humaine et à une nécessité sociale.

Encore une fois, l'éducation de la jeunesse et la direction de la famille ne peuvent et ne doivent appartenir qu'aux parents seulement.

CAUSES DE LA DESTRUCTION DE LA FAMILLE

Nous devons la disparition de la vraie famille chrétienne, qui faisait autrefois la force, la beauté et la grandeur de la patrie, aux trois causes suivantes :

1º A ceux qui, en quête de popularité, ont fait voter des lois injustes, antisociales et antireligieuses, et qui ont été, par suite, la cause première de la perturbation dans l'ordre et la morale.

Parmi ces lois néfastes, il faut citer tout particulièrement :

a) La loi du divorce, et surtout ses interprétations audacieuses, dues à des tribunaux faibles et complaisants.

b) Les lois dangereuses, concernant l'enseignement à l'école.

c) Les lois impies, sous prétexte de protéger le libre arbitre de l'enfant et du citoyen, en matière religieuse.

d) Les prescriptions vexatoires contre les droits sacrés du père de famille, sous prétexte de liberté de conscience, et à l'encontre de tous principes de droit et de morale.

En effet, toute loi, qui n'est pas la raison et la vérité, et qui ne s'impose pas à notre conscience, est une loi pernicieuse dans ses effets, et doit être par suite combattue.

La loi du divorce nuit à la famille, porte préjudice à l'individu, et se trouve en contradiction formelle avec les règles les plus élémentaires de la morale et de la raison humaine, parce qu'elle permet à l'un des contractants de pouvoir obtenir des tribunaux la rupture d'un contrat, qui a été librement et d'un commun accord accepté comme indissoluble, non seulement par les époux eux-mêmes en leur nom personnel, mais aussi au nom des enfants à venir, bien que le mari et la femme aient pris l'engagement formel et solennel de mettre en commun tous leurs efforts, tout leur dévouement et leur esprit d'abnégation et de sacrifice, dans l'intérêt absolu de la famille, qui ne devait pas disparaître.

Ainsi, en cas de divorce, on ment à sa parole, on renie son serment et on déchire sa signature.

Quelle est alors la situation réservée à l'autre époux,

qui, scrupuleux de ses engagements, a donné sans compter, honnêtement, toute sa jeunesse et peut-être sa santé pour le bonheur et la prospérité de la famille ?

Quelle injure grave faite à la jeune fille dans son honneur !

Et que deviennent les droits sacrés de l'enfant, et la protection réelle, affectueuse et morale, qui a été promise à ce dernier, et à laquelle il ne peut plus prétendre, puisque la famille n'est plus et que le foyer est à jamais détruit, de par la volonté de l'un des époux, qui veut recouvrer sa liberté ?

Que de troubles dans l'ordre social et moral ; que d'injustices criardes ; que de responsabilités au point de vue religieux !

2° Aux parents qui, grâce à leur indifférence et à leur lâcheté, ont laissé disparaître, sans se révolter, les vieilles coutumes françaises et les traditions de famille, dont nous étions jadis si fiers à juste titre, pour accepter par intérêt, par snobisme ou par veulerie, toutes ces ordonnances nouvelles qui ont détruit l'esprit et l'autorité de la famille.

Il semble que l'esprit du mal souffle depuis un certain temps le désordre et la révolte sur le monde entier, et lui inspire mille pensées perverses et égoïstes, et que chacun a perdu, en vérité, la notion du bien et du beau.

Quand donc les parents comprendront-ils qu'ils doivent exercer leurs droits, et, comme les soldats, remplir leurs devoirs, car il n'est permis de négliger ni les uns ni les autres ?...

Quand retentira à nouveau dans les consciences de France le cri indigné de révolte en faveur de la morale outragée ?...

3° A toutes les causes modernes suivantes, dont les effets sont désastreux et qu'il faudra combattre avec violence, comme un véritable fléau national et religieux :

a) La corruption des mœurs et la perturbation de la vie normale, par l'introduction dans notre existence familiale et sociale de toutes ces habitudes cosmopolites et de ces usages étrangers, qui sont plus ou moins contraires à nos mœurs françaises et à notre tempérament.

b) Le besoin constant de s'agiter sans cesse et de mener une existence extérieure, pour tuer le temps et s'étourdir, ce qui conduit fatalement à l'abandon du foyer et à une vie dangereuse d'énervement.

c) Le goût immodéré du bien-être et du luxe, d'où la nécessité de se procurer de l'argent par tous les

moyens, dans le but scandaleux de satisfaire ses caprices et ses besoins.

d) L'arrivisme, cette plaie du jour, avec ses ruses, ses complaisances immorales et ses résultats scanda-leux.

e) Le modernisme, avec ses erreurs démoralisantes, ses doctrines trompeuses et audacieuses et ses ten-dances dangereuses.

f) Le féminisme, avec ses théories fausses et dépri-mantes et souvent antisociales.

g) La propagation d'idées mensongères et per-verses, grâce à la mauvaise presse, aux mauvais livres, aux théâtres libertins et aux cinémas, et qui ont ainsi faussé l'opinion populaire.

h) Aux doctrines et aux pratiques criminelles pro-pagées partout pour combattre ou pour réduire les naissances.

4° L'abandon surtout de la vie chrétienne et de la pratique des devoirs religieux.

5° La guerre, telle qu'elle a été conçue et exécutée par les Allemands, dont le but criminel a été de détruire à jamais la famille française, en bouleversant chaque foyer, en séparant les membres de la famille, en emmenant les uns en esclavage, et en massacrant les autres.

Cette guerre est, en réalité, la lutte suprême de l'esprit du mal, personnifié par le Kaiser, contre l'esprit de Dieu et contre toute idée chrétienne; c'est pourquoi les barbares assassins ont renversé systématiquement toutes les églises et profané tous les lieux saints, après avoir détruit, souillé ou brûlé les maisons, les fermes et les champs.

Aussi quels châtiments doivent être réservés à cette race maudite par Dieu et par les hommes, pour le présent et pour l'avenir !

La corruption des mœurs.

Nous avons pris en France, il y a plusieurs années, par snobisme, certaines habitudes et certaines mœurs des pays étrangers, sans même nous donner la peine de les contrôler, et nous avons ainsi accueilli non pas celles qui font honneur à ces peuples, mais celles qui, sous prétexte de progrès, flattaient tout désir de liberté et d'émancipation, et qui étaient, du reste, très en faveur dans ce milieu étrange du Tout-Paris cosmopolite, de telle sorte qu'à notre tempérament de Français, plein d'enthousiasme, d'idéal et de chevalerie, sont venus se joindre des usages et une façon de vivre qui choquent notre nature délicate et bouleversent notre morale ; c'est ainsi qu'ont disparu peu à peu notre saine mentalité et nos principes de jadis, dus à un atavisme de longs siècles, ainsi que notre ancienne vie de famille, qui avait fait l'honneur et la gloire de la France.

C'est pourquoi, plus que jamais, il est du devoir de tous ceux qui ont le culte de la patrie et le respect des vieux principes français, de s'indigner et de se révolter devant ce changement si complet de la vie domestique en France.

Et puis, prenons l'engagement d'honneur de fermer dorénavant nos portes à tous ces rastas venus des quatre coins du monde, et de réagir sans faiblesse contre toutes ces mœurs nouvelles, qui ont déjà fait de nombreux ravages dans l'esprit, le cœur et le moral de notre jeunesse française.

En effet, au début, nous avons accueilli en plaisantant le vocabulaire et les usages étrangers réservés aux sports, grâce auxquels on s'est dans la suite tout permis, sous prétexte d'être « chic », puis bientôt le jeune homme a pris des habitudes d'un laisser-aller trop libre, des expressions parfois vulgaires et une tenue invraisemblable, pendant que, de son côté, la jeune fille et la jeune femme, poussant tout à l'extrême, perdaient même trop souvent tout sentiment de pudeur naturelle et toute retenue élémentaire, abandonnant toute idée d'élégance de bon aloi, pour prendre, par contre, des allures débraillées et provocantes, tout en parlant l'argot, à l'effet de paraître plus « moderne » et très « sport », comme si un jeu quelconque peut excuser la laideur d'une tenue, l'indécence du costume et les écarts de langage.

C'est ainsi qu'en peu d'années, un certain nombre de ces jeunes gens, et en général ceux qui fréquentaient les milieux cosmopolites, ont oublié les jolies manières d'homme du monde de jadis, l'esprit fin et gaulois de leurs ancêtres, et la belle galanterie du vrai gentilhomme aimable et courtois, et que de même certaines jeunes personnes perdaient, dans cet entourage peu recommandable, leur charme captivant, leur grâce naïve et leur beauté morale, alors que la femme française, jusqu'à ce jour, avait toujours été admirée dans le monde entier comme le modèle de la vertu et de l'élégance, et comme l'épouse rêvée.

Aussi quelles responsabilités auront devant Dieu les parents coupables ou faibles qui, oublieux de leurs devoirs et de leur autorité, ont laissé prendre à leurs enfants cette licence de tenue et de mœurs qui conduit au dévergondage cérébral, et qui fait de ces jeunes personnes des êtres odieux et profondément antipathiques !

C'est surtout dans les villes d'eau et sur les plages à la mode que l'on rencontre ces jeunes « types ».

Et cependant, que de mères ont déjà pleuré des larmes de sang, pour avoir négligé d'exercer toute surveillance active, et combien d'entre elles ont constaté trop tard les irréparables ravages faits par ces mœurs nouvelles dans les jeunes cerveaux de leurs enfants ; n'oublions pas que toute impression immorale a une répercussion funeste sur l'imagination de l'adolescent, et une influence pernicieuse sur la vie de la jeune fille et sur celle de la jeune femme, dont elle trouble le cœur et l'esprit.

Le besoin de vie extérieure.

Cette introduction imprudente des mœurs étrangères en France devait nécessairement bouleverser la vie familiale, détruire les joies simples du foyer et conduire la femme au besoin maladif d'une vie extérieure, pour la lancer dans le tourbillon si déprimant de ce mouvement troublant du dehors.

Or, cette soif du dehors a poussé nécessairement la

femme moderne à abandonner sa vie tranquille au foyer domestique et à s'occuper de moins en moins de sa maison ; et bientôt elle n'a plus voulu rester chez elle.

Et cependant combien étaient plus charmantes ces réunions intimes de jadis, où la femme se faisait connaître, aimer et respecter, pendant que les hommes cherchaient de leur côté à se faire apprécier par leur esprit et leurs bonnes manières !

C'était le beau temps où chacun s'efforçait d'avoir une réelle valeur intellectuelle et morale, et se piquait de vivre avec le cœur et avec l'esprit.

Aujourd'hui, tout est malheureusement changé ; cet attrait de la vie extérieure a chassé la femme du foyer, et a détruit du même coup l'existence même de la famille, sa simplicité, son charme et ses nobles traditions.

Du reste, on ne reçoit plus chez soi, on invite chèrement au cabaret où l'on s'ennuie, et si parfois on est obligé d'ouvrir ses salons, on a bien le soin d'installer des tables de bridge pour ne pas avoir à s'occuper des invités, lesquels très souvent ne se connaissent pas.

De la sorte, la maîtresse de maison n'a pas besoin d'être aimable ni de se gêner.

Quelle étrange hospitalité !...

Le salon moderne dans ces milieux est devenu un lieu de rendez-vous ou un cercle de jeu.

C'est en vérité une révolution, bien peu élégante, dans nos mœurs françaises.

Dans l'intérêt de notre étude, signalons, en passant, les conséquences, parfois fort graves, qui résultent du « Five O'clock Tea », tel qu'il est pratiqué dans les cabarets à la mode.

a) Cet usage moderne est en effet un prétexte pour abandonner presque chaque jour le foyer, et pour mener une existence énervante d'agitation extérieure, au détriment des devoirs de mère et d'épouse.

b) C'est un sujet constant de dépenses importantes de toilette, qui grèvent lourdement et sans nécessité le budget domestique, et c'est surtout l'entraînement fatal au luxe et à toutes ses conséquences immorales.

c) C'est l'occasion de s'adonner à la médisance et à ces petits potins scandaleux, qui dégradent l'âme humaine, abaissent le niveau intellectuel et faussent la conscience, même chez certaines femmes, qui se disent bonnes chrétiennes.

d) C'est enfin la facilité de rencontres douteuses ou d'un flirt suivi ; c'est, en un mot, le jeu du hasard et de l'amour qui n'est pas de saison, ni pour une épouse qui veut rester fidèle et vertueuse, ni pour une mère digne de ce nom, et encore moins pour une jeune fille bien élevée, car dans ces réunions, où s'agitent des désœuvrés, en quête d'intrigues et de sensations perverses, la femme honnête ne peut que s'égarer, se diminuer à ses propres yeux et perdre toute notion de ses vrais devoirs.

La vie de luxe.

Dès que la femme déserte la maison pour vivre à l'extérieur, elle prend nécessairement un goût exagéré pour le luxe et a par suite un besoin réel d'argent, pour satisfaire ses plaisirs et ses dépenses nouvelles.

Or, la vie du dehors coûte très cher, et c'est là, en vérité, qu'est le vrai danger.

Si on ajoute à ces questions d'ordre général l'obligation mondaine de paraître aussi élégante que la voisine, on comprend alors tous les risques que court la jeune femme moderne, jetée ainsi sans frein et sans défense dans cette existence d'énervement et de tentation, d'autant qu'aujourd'hui les grands magasins font à la femme des crédits renouvelables, à l'insu du mari, bien entendu.

Il est donc très téméraire et peu moral pour une femme de jouer ainsi avec les passions, le luxe et les exigences de la mode.

L'arrivisme.

L'arrivisme, qui est la négation de tout scrupule et de toute contrainte, devait aider à détruire le foyer, à l'heure où les idées de famille disparaissent pour faire place à des désirs coupables et à des succès rapides.

En effet, du jour où les époux ne veulent plus remplir tous leurs devoirs, et prétendent vivre leur vie sans contrainte pour atteindre plus vite le but qu'ils convoitent, le mariage est devenu pour eux une simple association d'intérêts coupables, et dans ces conditions la famille n'existe pas et n'a plus sa raison d'être.

Le modernisme.

Le modernisme, avec ses utopies dangereuses, devait réclamer aussi pour l'individu la possibilité de jouir du plaisir des sens et de la griserie du moment, sans s'occuper des droits et des devoirs imposés par la vie morale.

C'est ainsi qu'ont disparu peu à peu toutes les belles idées du passé, qui faisaient partie du patrimoine glorieux de la vieille famille française, et qui ont été remplacées par un scepticisme éhonté, sans aucun idéal et sans grandeur aucune, et par un libertinage vulgaire, qui enlève à la vie toute sa beauté et tout son charme.

C'est du reste au modernisme que nous devons :

a) L'émancipation outrée de l'individu.

b) La rupture de l'union conjugale.

c) La diminution de toute autorité dans la famille.

d) La corruption des mœurs.

e) La destruction de la famille.

f) L'abandon de la vie religieuse.

Aussi ce n'est pas sans raison que le Souverain Pontife Pie X a condamné cette doctrine immorale, comme funeste à la famille et à la société.

Le féminisme.

La femme a un rôle très grand et très noble à remplir ici-bas, et la Providence l'a du reste placée à un poste d'honneur, qui lui a toujours valu tous les hommages et tous les respects, tant qu'elle a rempli fidèlement ses devoirs.

Or, du jour où la femme, grisée par les idées modernes, a négligé le foyer domestique pour chercher au dehors des distractions et des plaisirs, elle a perdu, de ce fait même, sa force, sa tranquillité morale, et sa dignité comme femme, comme mère et comme épouse, car elle s'est heurtée et s'est blessée à tous les accidents du chemin, et s'est laissé prendre à toutes les intrigues humaines, qu'elle ignorait, d'autant que son éducation première et sa nature fine et délicate étaient contraires à cette vie nouvelle, pour laquelle elle n'était du reste pas faite.

Mais si la femme, imbue de ces idées fausses, a laissé sur la route beaucoup de son repos et de ses illusions, elle est, en la circonstance, ce qui est plus grave encore, la cause directe de la dislocation de la famille, puisqu'elle en était le pilier principal.

Et en effet, quand la femme déserte la maison, il n'existe plus d'intérieur pour le mari, et l'enfant lui-même est abandonné à la domesticité : c'est le désordre.

Dès que la femme s'est révoltée contre ses devoirs d'épouse et de mère, elle devait logiquement chercher à s'affranchir de l'autorité maritale et du joug de la loi civile et morale.

C'est alors que naquit le féminisme, cette doctrine essentiellement pernicieuse et d'autant plus dangereuse qu'elle a trompé la femme elle-même, en lui donnant l'illusion d'une force dont elle pourrait se servir, et d'une liberté qui lui était utile et profitable, alors qu'au contraire la femme qui suit cette doctrine ne rencontre partout qu'attaques et railleries plus violentes, justement parce qu'elle s'est privée d'un soutien, dont elle avait besoin ; et c'est ainsi qu'elle s'est diminuée aux yeux des tiers, a nui à sa réputation et reste sans défense, ce qui compromet sa tranquillité et son bonheur.

Le féminisme devait donc achever de détruire la famille et le foyer.

C'est pour cette raison qu'il est un danger social, et qu'il faut le combattre comme contraire aux intérêts de l'enfant et de la famille.

Du reste il suffit de lire les déclarations fantaisistes et les théories ridicules des chefs prétentieux de cette nouvelle école, et de constater certains de leurs actes dangereux pour se donner une idée de cette étrange religion moderne.

C'est, en réalité, la négation absolue de tout sens commun, de tout respect aux traditions, de toute idée de morale et de dignité, c'est le renversement complet de toute raison et de tous les devoirs ordonnés par la nature même.

Loin de nous cependant la pensée de ne pas vouloir défendre les droits sacrés et indiscutables de la femme, et de ne pas réclamer, surtout aujourd'hui, ce qui lui est dû en toute honnêteté, tant dans la famille que dans la société, pour la protection et la défense de sa personne, de ses intérêts et des intérêts de ceux dont elle a la charge.

C'est justement parce que nous combattons le féminisme que nous voulons des lois nouvelles en faveur de la femme, et à cause même du rôle qu'elle va être appelée à jouer dans la vie nouvelle.

Nous avons été les premiers à réclamer pour elle entre autres :

— La séparation de biens, comme le régime légal du mariage, afin de la soustraire à l'arbitraire du mari.

— Un droit plus complet sur le produit de son travail personnel.

— Plus de droits légaux dans les actes de la vie familiale et sociale.

— Une protection réelle et effective pour la jeune fille.

— Un droit d'action civile et pénale contre le séducteur pour la mère et pour l'enfant.

— Une revision complète de la procédure dans les instances en séparations de corps et de biens.

— Une condamnation pénale contre celui des époux qui succombera dans son instance en divorce ou en séparation de corps, etc...

Mais, par contre, nous soutenons que la grande faute du féminisme c'est d'avoir voulu faire de la femme, non seulement l'égale absolue de l'homme, ce qui est absurde, en lui donnant les mêmes droits sociaux et politiques, mais encore une concurrente acharnée et presque une adversaire dans la famille même, ce qui est une folie.

Chacun des époux doit, à notre avis, rester à sa place, car chacun d'eux a des devoirs très définis à remplir et des attributions différentes.

Du reste ce mouvement féministe a déjà eu des conséquences nuisibles aux intérêts généraux.

Il a encouragé la femme, souvent dans un but d'émancipation, à briguer des postes dans diverses administrations et sociétés ; de telle sorte qu'il en est résulté pour la vie domestique les conséquences suivantes :

a) Augmentation de dépenses dans la maison, puisqu'il a fallu remplacer au foyer la femme occupée au dehors.

b) Diminution de recettes dans le budget, par suite de l'écart entre les appointements anciens du mari et ceux de la femme, qui a pris la place de l'époux.

c) Frais nouveaux pour le mari désœuvré et sans foyer, et pour les enfants abandonnés sans direction et sans soutien.

d) Encouragement pour la jeune fille à garder sa liberté, au lieu de chercher à créer un foyer.

Qu'on ne vienne pas nous objecter que le féminisme a, au contraire, permis à un certain nombre de femmes de se suffire à elles-mêmes, car les lois ne doivent pas être faites pour une minorité, surtout quand elles nuisent et sont contraires à la vie morale de la collectivité.

Il est toujours dangereux et coupable de bouleverser les mœurs et les usages d'une nation, pour favoriser les fantaisies ridicules de quelques utopistes, même de bonne foi.

Le féminisme aurait pu jouer un rôle utile et intéressant, s'il avait été une œuvre de secours et de protection pour la femme, au lieu d'être une école d'émancipation à outrance et de combat.

Tout le monde du reste l'aurait accepté et accueilli comme une œuvre de justice, s'il en avait été ainsi, surtout maintenant que la femme française, en maintes circonstances, vient de donner la preuve de sa valeur intellectuelle et morale, en face du danger et des épreuves difficiles et douloureuses des temps présents.

En effet, dans beaucoup de villages la mère a pris en mains, avec intelligence et dévouement, la direction de la ferme, et a remplacé le mari aux champs, pendant que ce dernier défendait contre les barbares la chaumière, qui venait des vieux et qui doit revenir aux petits. Elle a cultivé avec courage la terre et elle ne s'est jamais plainte du travail, ni des privations, ni de la fatigue ; et le soir, quand elle était de retour des champs, elle allait très modestement s'agenouiller devant la Madone de la petite église du village, pour prier pour le combattant et pour la France.

Aussi quand l'époux reviendra au foyer, il trouvera le travail fait et la terre en bon état.

Il en est de même à la ville ; dès le départ du mari, la jeune femme s'est occupée de l'atelier et du magasin ; levée de bonne heure, elle a servi aimablement la clientèle, réservant la soirée pour faire la correspondance et passer les écritures.

Elle est jeune et jolie ; elle pouvait bavarder et médire du prochain, elle a préféré remplir simplement son devoir, car elle a conscience de sa responsabilité, et elle a compris qu'en l'absence du mari, c'est elle qui doit assurer la garde et la défense du foyer et du bien commun.

Saluons donc avec admiration ces femmes jeunes et honnêtes qui, pleines de dévouement et de beauté morale, personnifient bien la femme française, et qui sont restées gaies et aimables malgré tous leurs soucis, car elles ont toujours eu pleine et entière confiance en la grande victoire et dans le retour prochain de l'époux.

Aussi, nous sommes les premiers à réclamer, pour cette compagne fidèle et dévouée, la place d'honneur que lui ont méritée son travail, son intelligence et sa belle conduite.

La presse, les livres, le théâtre, le cinéma.

Alors que la base du foyer familial s'écroule sous la poussée des idées modernes et des doctrines féministes, une certaine presse et quelques auteurs peu scrupuleux continuent à encourager de leur côté ce mouvement dangereux d'émancipation, dans un but essentiellement mercantile ; ce qui est une honte et une mauvaise action.

L'abandon de la vie religieuse.

Tous les moralistes sont d'accord sur ce point :
que nous devons mettre Dieu dans notre vie,

    pour idéaliser nos peines et nos désirs,

    pour purifier nos actes,

    pour accomplir nos devoirs et exercer nos droits,

    pour sanctifier nos efforts, nos luttes et nos souffrances, dans le noble but d'assurer le bonheur de notre foyer et celui de la famille.

En effet, que de ménages rompus, que de vies brisées, que de foyers déserts, sans l'idée de Dieu qui est venue rappeler aux époux leurs devoirs ! Que de jeunes filles se seraient laissé entraîner sur la pente fatale aux heures des rêveries dangereuses ; que de jeunes femmes, au lendemain d'une désillusion douloureuse ou d'une injustice blessante, se seraient vengées et auraient abandonné la ligne droite ; et combien aussi auraient écouté la voix troublante de la passion, quand le cœur parle plus fort que la raison et qu'il se gonfle de désirs violents, si elles n'avaient pas reçu dans leur enfance une éducation religieuse très solide, et si elles n'avaient pas gardé dans la famille la pratique de la vie chrétienne.

N'oublions pas que notre nature humaine est faible, que la passion des sens est très souvent brutale et irréfléchie, qu'elle ne peut se corriger que par un grand mouvement de l'âme vers Dieu, et que nous devons, par suite, développer chaque jour davantage nos qualités morales, afin de contrebalancer nos instincts pervers et naturels, dans le but d'idéaliser le plus possible les élans de notre cœur, et de donner ainsi à ce dernier le goût des affections vraies, sincères et honnêtes, dont il a, en réalité, un réel besoin.

Par conséquent, pour la beauté, le bonheur et la sécurité du foyer domestique, comme pour la prospérité matérielle et morale de la famille, il faut donner à Dieu dans le mariage la place d'honneur qui lui revient de droit, afin qu'il puisse constamment conseiller les époux, les encourager et les bénir à chaque heure de la vie, dans les chagrins et dans les joies, et leur faciliter ainsi l'accomplissement parfois difficile de leur devoir d'état.

NÉCESSITÉ D'UNE RÉACTION

Une réaction violente s'impose aujourd'hui comme un devoir social, patriotique et religieux.

Déjà, parmi les hommes de valeur et parmi ceux qui ont la vraie notion du bien et du droit, il y a une révolte contre ce mouvement immodéré de liberté et ce besoin d'émancipation qui nuisent gravement à la famille et détruisent le bonheur du foyer.

En effet, l'homme se marie pour avoir un intérieur où il devra trouver affection et tendresse, il est donc en droit d'exiger le retour aux sages doctrines de la vie domestique ; et il faut espérer que ceux qui auront passé trois ans dans les tranchées sauront parler haut et imposer leur volonté sur ce point, car, en réalité, il va falloir reconstituer au plus vite la vraie famille française pour assurer la prospérité économique et la puissance mondiale de la France, autrement notre victoire serait absolument illusoire et sans lendemain.

Or, pour cela, il est nécessaire, plus que jamais, que la femme aime la maternité et redevienne la vraie et fidèle gardienne du foyer.

LES REMÈDES

Il ne suffit pas de déclarer qu'il faut réagir au plus vite pour enrayer le mal ; il faut chercher le remède nécessaire à la guérison et l'appliquer sans faiblesse.

Nous devons bien reconnaître qu'il est nécessaire d'évoluer avec son temps, mais à la condition toutefois de ne jamais s'écarter ni de la raison, ni de la morale, qui sont et qui resteront toujours des vérités fondamentales et indispensables à la direction de tous les actes de la vie humaine.

Or, les philosophes de l'antiquité et les Pères de l'Eglise ont toujours défendu, avec la même ardeur et suivant les mêmes principes, les droits sacrés de la famille, et ils ont tous demandé des pénalités sévères contre ceux qui émettaient des doctrines contraires à la prospérité et au développement du foyer domestique, parce qu'ils regardaient ces innovateurs comme des êtres nuisibles à la patrie et à la doctrine morale.

Il faut donc aujourd'hui :

a) Remettre les principes de morale, de justice et d'autorité à la base même de la famille, pour qu'elle

soit assise dorénavant sur des fondations inébranlables.

b) Combattre tout spécialement la loi néfaste du
divorce, qui a jeté le trouble, le désordre et l'immoralité dans la famille et dans la société.

Rendre très difficile l'application de cette loi, si
elle ne peut être supprimée.

Et décider, tout au moins, que l'époux qui sera
cause de la rupture du mariage, c'est-à-dire du contrat solennel librement consenti par les parties dans
l'intérêt du foyer, sera condamné, à titre de pénalité
et d'indemnité, à une amende importante et à un
emprisonnement, car, en réalité, l'honneur de la
jeune fille et le bonheur de l'enfant sont en jeu et
méritent d'être défendus.

De la sorte, les futurs époux réfléchiront davantage
avant de contracter mariage et avant de rompre
l'union conjugale ; et on évitera surtout ces unions
scandaleuses qui sont plutôt des accouplements im-
moraux, et qui sont acceptés de part et d'autre avec
l'idée bien arrêtée, soit de faire un essai légal, soit de
satisfaire légalement ses passions sous le couvert
d'une union régulière, tout en se réservant le droit
de divorcer dans le cas d'une difficulté quelconque,
ce qui est une infamie et un danger social.

c) Refaire l'éducation de la famille, en revenant tout d'abord à la stricte observance de la pratique religieuse, puisque cette dernière peut seule imposer à chacun l'obligation de remplir scrupuleusement et en conscience ses devoirs envers la famille.

d) Refaire le foyer domestique et le rendre aimable, agréable et pratique, afin de reconstituer, d'assainir et de fortifier la vraie vie familiale, honnête et simple.

C'est à la femme que ce travail incombe ; or, c'est du jour où le foyer revivra que la famille reprendra son existence normale et bienfaisante, et que le relèvement intellectuel et moral de la patrie sera accompli.

e) Développer l'enseignement ménager qui est absolument indispensable pour rendre plus facile et plus attrayante la vie de l'intérieur.

f) Mettre surtout en pratique l'art d'embellir la maison, afin d'en faire un nid charmant où il fait bon vivre, un endroit agréable où le mari puisse se plaire, et un lieu de réunion sympathique et pratique où les enfants se tiendront et travailleront.

En un mot, réunir l'utile à l'agréable au foyer domestique pour que chacun aime à y rester, reprendre tout naturellement la vie simple de jadis, et savoir au besoin l'imposer autour de soi.

g) Combattre ouvertement toute nouvelle introduction de mœurs étrangères chez nous.

h) Faire des lois sages et morales en faveur des familles nombreuses, qu'il faut, dans l'intérêt de la patrie, protéger, défendre et favoriser.

i) Replacer la femme à la place d'honneur, qu'elle doit avoir dans le foyer, et redonner à la mère chrétienne son autorité affectueuse et morale.

En effet, c'est l'épouse qui fait le foyer heureux, calme et hospitalier.

C'est, en réalité, la mère qui crée et consolide la vraie famille chrétienne sur des bases chrétiennes.

C'est aussi la femme qui fait la patrie forte, grande et glorieuse.

C'est elle qui apporte dans la maison, avec son cœur et son âme, la tendresse, l'amour, la joie et la vertu.

C'est elle qui élève l'enfant, le dirige, et en fait un fils honnête et consciencieux, et plus tard un citoyen scrupuleux et courageux.

Et c'est encore la femme qui enthousiasme la jeunesse, conduit l'homme mûr à la gloire et console le vieillard au déclin de la vie.

Par conséquent, la grandeur ou la décadence d'un peuple dépend, en principe, de la valeur morale ou amorale de la femme.

C'est pourquoi nous voulons que la femme revienne à la pratique de la vraie vie familiale, et qu'elle abandonne cette existence nouvelle qui l'avait éloignée de sa mission première, et qui a nui si gravement aux intérêts de la famille et au bonheur du foyer.

Mais il ne suffit pas de créer le foyer, il faut savoir prendre des mesures immédiates pour assurer la vie, le développement et la prospérité de la famille, grâce à des lois bienfaisantes et justes en faveur des membres de la famille, dans l'intérêt même de la patrie et de la société.

COMPOSITION DE LA FAMILLE

La famille se compose : du père,
de la mère,
de l'enfant.

Chacun des membres de la famille a des droits et des devoirs, et ils se doivent tous assistance et protection matérielle et morale.

Le père et ses devoirs.

Dans la famille, chacun doit être à son poste et

doit exécuter la tâche qui lui a été définie ; et si ces principes sont appliqués dans la pratique avec intelligence et avec conscience, tout ira normalement, suivant les plans mêmes de la sagesse divine.

Or, l'être humain a, par nécessité, un besoin absolu de ses semblables, dans son enfance et même dans son adolescence, parce qu'il ne peut se suffire à lui-même au point de vue matériel et que, plus tard, il devra trouver aussi dans la famille des joies et des consolations pour son cœur qui veut aimer et être aimé et qui a droit au bonheur.

Ce sont ces raisons qui ont établi entre les membres d'une même famille des liens nécessaires d'affection et d'union, et ont déterminé entre eux des droits et des devoirs obligatoires.

Mais c'est au père que revient la direction de la famille, car c'est lui qui doit élever, nourrir et protéger les membres de cette famille, dont il est le chef responsable.

Or, le chef de famille a des droits et des devoirs différents, selon qu'il agit comme époux ou comme père.

Comme époux, il a des devoirs spéciaux auxquels il ne peut manquer sans encourir des responsabilités du fait de la loi, et ses droits sont limités par le Code civil; mais la loi civile seule ne peut pas traiter les graves questions morales et de conscience, lesquelles obligent davantage les époux l'un envers l'autre dans maintes circonstances; c'est pourquoi les futurs époux, loin de se marier à la légère pour faire une fin, doivent chercher à créer entre eux une union sincère de cœur et d'âme, car autrement ils vicient le principe même du mariage et vont au-devant de chagrins certains et de difficultés extrêmes.

MÉNAGES AVEC ENFANTS

Si le ménage a des enfants, le père devra non seulement se consacrer tout entier aux siens pour assurer leur vie matérielle, mais encore il devra avec la mère s'occuper de leur éducation.

Cette tâche réclame de la part des parents une entente complète et raisonnée, pour que chacun puisse prendre sa part d'autorité et de direction, et pour qu'il n'y ait ni heurt ni contradiction dans les ordres et dans les instructions.

Mais c'est surtout à la mère que reviendra le soin de former le cœur et l'âme de l'enfant, tandis que le père s'occupera plutôt de diriger l'intelligence de ce dernier, et de développer chez lui ses diverses qualités physiques et morales en vue de l'avenir.

S'il en était autrement, l'éducation de l'enfant serait compromise et, par suite, la prospérité de la famille serait diminuée.

Mais il peut se produire que le ménage n'ait pas d'enfants ; dans ce cas, la vie des époux est toute différente et leurs devoirs l'un envers l'autre ne font qu'augmenter.

MÉNAGES SANS ENFANTS

Dans un ménage sans enfants, le mari a des devoirs beaucoup plus grands par rapport à sa femme, ce qui est très naturel, bien qu'en général on émette un avis différent.

En effet, la maison sans enfants est souvent triste, surtout quand les époux avancent en âge, puisqu'ils ont la sensation douloureuse, et parfois angoissante, de ne pas voir leur vie se prolonger en d'autres êtres chéris ; il faut donc combler le vide qni existe au foyer, par une affection plus grande, une intimité plus tendre et un besoin plus réel l'un de l'autre, de façon à ce qu'aucune pensée extérieure ne puisse venir se glisser entre les époux.

Il est donc nécessaire que l'époux s'occupe davantage de l'épouse, l'entoure de plus de soins, l'aime encore mieux, afin que cette existence à deux ne soit pas monotone et qu'elle puisse au contraire s'écouler meilleure, dans une confiance absolue et dans une communion complète de deux âmes tendrement unies.

Autrement, ce sera la vie ennuyée de deux êtres, sans but réel, qui, pour se distraire, chercheront trop souvent au dehors les distractions et le bonheur, qu'ils n'ont pas trouvés dans la famille, et qu'ils espéraient, lors du mariage, rencontrer tout au moins dans les enfants.

C'est surtout dans les ménages sans enfants que les époux ont un besoin plus grand de pratiquer ensemble la vie religieuse, parce qu'elle seule peut leur donner, en réalité, des consolations très douces en unissant davantage leurs cœurs.

Si dans les ménages sans enfants les époux doivent avoir entre eux une confiance plus grande et une tendresse plus affectueuse pour mener une vie plus intime, c'est bien dans ces foyers réduits que la femme doit se dépenser sans cesse, cœur et âme, pour rendre la maison plus charmante, car c'est elle qui détient entre ses mains, en grande partie, le bonheur du ménage.

Par conséquent, que l'épouse soit la compagne fidèle et aimable du mari et son idéal, et qu'elle développe tout son charme et toutes ses qualités physiques et morales avec la confiance en soi que donne le désir de plaire à l'être aimé.

La mère.

Le rôle de la mère dans la famille est très net et très bien défini.

Du jour où l'épouse est mère, elle ne doit négliger, tout d'abord, aucun de ses devoirs d'épouse, ce qui, malheureusement, arrive trop souvent; elle doit en même temps remplir très fidèlement tous ceux qui lui incombent comme mère et qui sont très nombreux, mais sans rien perdre toutefois de ses qualités naturelles.

Ainsi la mère intelligente doit rester l'épouse aimable et vertueuse, la mère dévouée et chrétienne, et garder son charme, son esprit et sa gaieté féminins.

La mère doit comprendre qu'elle a plus de devoirs

à remplir que de droits à exercer, qu'elle est faite pour se dévouer, que son besoin de sacrifice s'accroît avec sa tendresse et que, pour être capable d'abnégation, il faut vivre la vie du cœur et la vie de l'âme.

C'est ainsi que le foyer sera le lieu de repos par excellence, et la maison où régneront le bonheur et la simplicité.

Les parents ont donc, dans la famille, des droits absolus et des devoirs définis, auxquels ils doivent se soumettre.

Le père a, comme père, des droits et des devoirs envers ses enfants.

Comme époux, envers son épouse.

Comme chef de famille, envers la famille.

La mère en a de même, comme épouse, envers le mari.

Comme mère, envers les enfants.

Comme chargée de l'intérieur, et comme éducatrice des enfants, envers le foyer domestique.

L'enfant.

L'enfant, pendant de longues années, ne peut pas prétendre avoir un droit quelconque à faire valoir personnellement, et on ne peut pas non plus réclamer de lui de nombreux devoirs, puisque, jusqu'à un certain âge, il ne peut ni agir, ni vouloir seul, ayant au contraire un besoin constant de soins maternels, et de toute l'affection de ceux qui l'entourent.

Il est donc, nécessairement, sous l'autorité de ses parents, qui doivent exercer sur lui une tutelle affectueuse et morale; mais à mesure qu'il grandit, il prend la responsabilité de ses actes et, à ce moment, ses devoirs se définissent, se précisent davantage, et s'imposent à sa conscience; enfin, à l'âge de la grande raison et, par suite, à l'époque de sa majorité, il aura le maximum de devoirs, qui lui donneront des droits indiscutables.

Cette étude nécessaire des droits et des devoirs de l'enfant a été examinée dans l' « *Education de la jeunesse* ».

Il est indispensable cependant de se rappeler ces vérités, si on veut assurer le bonheur, la prospérité et la grandeur de la famille, puisque chacun de ses membres doit y contribuer personnellement pour sa part.

Voici du reste les principaux droits et devoirs des enfants.

Devoirs. — Soumission et obéissance à l'autorité des parents.

Respect aux parents qui représentent Dieu.

Affection sincère aux siens en échange de leur tendresse.

Reconnaissance envers eux.

Aide et assistance physiques et morales à tous les membres de la famille et en particulier aux parents.

Droits. — L'enfant a droit à la nourriture et à l'entretien pendant le premier âge ;

à la protection nécessaire pour qu'il puisse se développer physiquement et moralement et gagner honnêtement sa vie ;

à sa place au foyer domestique ;

à l'affection nécessaire à son cœur et à son âme ;

à l'éducation et à l'instruction pour les besoins de sa vie matérielle et morale.

Il s'ensuit que la famille doit être une grande école du devoir, d'abnégation, de sacrifices et de dévouement, où doit se pratiquer l'amour des vertus domestiques, morales et religieuses, pour le bonheur de la famille et de ses membres, et pour la grandeur de la patrie, sous la direction et la responsabilité des parents.

NÉCESSITÉ DE L'ÉDUCATION DU MARIAGE

L'homme étudie avec soin toutes les sciences humaines, dans le but de trouver et d'augmenter son bonheur, mais par une aberration incompréhensible, il néglige justement l'étude du mariage, dont il a le plus besoin, et de laquelle dépend, en réalité, sa vie entière.

De la sorte, il contracte l'acte marital avec une légèreté coupable, sans se douter même qu'il compromet souvent son existence entière et sa tranquillité, et qu'il nuit du même coup aux intérêts des siens et à ceux de la famille, dont il a la charge et la garde.

Par conséquent, une étude complète et très raisonnée de la vie maritale est indispensable pour créer honnêtement un foyer heureux, car, il faut bien l'avouer, la vraie vie conjugale est difficile à vivre pour mille raisons, et entre autres :

a) Parce qu'il y a nécessairement entre les époux certaines divergences de nature et de tempérament, de mentalité et de cœur.

b) Parce qu'il faudra cependant mener ensemble

et chaque jour la même existence avec un esprit de conciliations réciproques, d'humeur égale et de concessions constantes, aussi bien dans la joie que dans l'ennui.

c) Ensuite, parce que les époux ont souvent un âge différent, une conception tout autre de la vie, et que, généralement, l'un des deux a déjà vécu et a déjà pris ses habitudes.

d) Qu'il faudra enfin faire l'abandon d'une partie de sa volonté, de ses manies et de sa liberté, afin d'assurer la paix et le bonheur du ménage.

Ce sont toutes ces choses si diverses, qui demandent aux époux un effort réel de chaque minute sur eux-mêmes, et la pratique journalière de toutes ces petites vertus domestiques si difficiles à posséder, et souvent si contraires à la nature humaine.

C'est dire que le mariage, tel qu'il doit être au point de vue religieux et social, ne peut pas être réglé et envisagé sans longues réflexions, si on veut, en toute conscience, accomplir tous les devoirs qu'il réclame, et ne pas aller au-devant de difficultés insurmontables et de grands chagrins.

N'oublions pas que le mariage est un sacrement, qui unit deux êtres et deux âmes, lesquels doivent vivre dorénavant l'un pour l'autre et l'un par l'autre.

Par conséquent, il est indispensable que les époux qui veulent être heureux :

1° Aient un attrait l'un pour l'autre ;

2° Qu'ils se reconnaissent ensuite réciproquement de réelles qualités de cœur et d'esprit, autrement le mariage sera éphémère ;

3° Qu'ils s'entendent sur la façon de comprendre leurs droits et leurs devoirs d'époux ;

4° Qu'ils tombent d'accord sur les principes de la vie morale, afin de pratiquer sans contrainte les vertus chrétiennes et domestiques.

Il faut aussi leur rappeler que le mariage exige de chacun des deux époux :

Un effort constant et une délicatesse parfaite de sentiments dans les rapports journaliers.

Une très belle moralité conjugale.

Des concessions réciproques.

Un amour très profond et beaucoup d'estime l'un pour l'autre.

Une observance complète de la vie chrétienne.

Une communion journalière d'idées et de volonté.

Que, de plus, pour vivre vraiment heureux, il est nécessaire de savoir vivre assez loin du monde,

Afin d'apprendre à se mieux connaître.

Pour avoir un réel besoin l'un de l'autre.

Pour être obligé de se dévouer l'un pour l'autre.

Pour goûter ensemble les joies du foyer.

Et enfin pour s'adonner plus utilement à l'éducation de l'enfant.

En effet, tout peut devenir facile aux époux, du jour où ils vivent vraiment de la même vie, où ils s'aiment tendrement, où ils se parlent avec leurs cœurs et où ils unissent leurs âmes, car les angles s'arrondissent tout naturellement ; et chacun cherche alors très simplement à faire le bonheur de l'autre ; et ce qui paraissait hier un effort deviendra aussitôt un plaisir et presque un besoin.

C'est ainsi que tout sera facile et que la joie rentrera dans le ménage, s'installera et demeurera au foyer, pendant que la famille grandira et se développera, selon les lois de la nature et selon les principes chrétiens.

S'il en est autrement, le mariage est une chaîne très pénible à porter et une contrainte douloureuse de chaque instant, surtout à l'heure où la passion des sens s'est éteinte et où naissent de nouveaux désirs.

Toute autre conception de la vie conjugale est

donc condamnable, et contraire à la vie même et à la moralité du mariage, puisqu'elle fait de l'union conjugale une simple association d'intérêts et un simple attrait physique, ce qui semble permettre aux époux de garder, jusqu'à la limite fixée par le code, le droit de vivre chacun sa vie ; or cette façon d'agir est la négation même du mariage.

Il est donc sage que les futurs époux, avant de contracter, réfléchissent et méditent longtemps, afin de n'avoir pas à supporter plus tard ces froissements quotidiens et ces révoltes sourdes, qui sont très souvent le point de départ dangereux d'antipathie aiguë et de discussions graves, et qui rendent la vie douloureuse et insupportable.

Mais c'est surtout l'homme, qui doit plus spécialement s'adonner à cette étude du mariage, car c'est lui qui doit initier l'épouse à la vie nouvelle, et qui par conséquent est inexcusable, s'il n'a pas l'expérience voulue, et s'il n'a pas cherché à s'instruire et à prévoir, car la jeune fille ne connaît rien de la vie conjugale, puisque, en réalité, elle n'a de son existence future que des notions fort vagues et des idées souvent fausses, que de plus elle ignore totalement ce que peut donner de difficultés, d'irritation et de malaise l'union constante et journalière de deux natures parfois tout à fait différentes au physique et au moral.

En effet, la jeune fille apporte en général dans le mariage son cœur avec une grande naïveté, et va à l'inconnu avec une confiance absolue et une belle émotion, même quand elle se croit très maîtresse d'elle-même ou indifférente, car elle espère toujours trouver un bonheur rempli de mystère dans cette vie nouvelle, qu'elle veut pleine de poésie et de charme ; aussi quelles désillusions douloureuses et quels chagrins pour elle, et parfois quelles révoltes dans sa nature froissée, quand le jeune homme n'a pas compris sa pensée et a troublé son rêve !

Que de fois, hélas ! le charme rompu au début du mariage a été le point de départ de vies à jamais brisées par la faute même de l'époux, qui a été imprévoyant et téméraire, qui n'a pas apporté à l'égard de son épouse la délicatesse voulue dans la pratique de la vie conjugale, qui n'a pas su l'entourer constamment de ces mille petites attentions auxquelles la femme est si sensible, et qui lui sont dues en toute vérité.

Il ne faut pas oublier que souvent ce sont ces manques d'égard et ces oublis de soins délicats de la part du mari, qui froissent douloureusement l'épouse et qui sont en général la cause initiale des mauvais ménages.

On peut donc affirmer que le bonheur de la vie conjugale dépend aussi pour beaucoup de la pratique de ces petites vertus domestiques, qui doivent éviter tout froissement entre les époux, et de toutes ces attentions charmantes, qui les attirent davantage l'un vers l'autre.

Par conséquent il est très sage de rappeler aux jeunes gens que, s'ils veulent être heureux en ménage, ils doivent, avant de penser au mariage, faire une étude très approfondie sur la nature de la femme, sur ses sentiments, ses désirs et ses besoins, et ils seront alors très surpris de trouver dans le cœur et dans l'âme de leurs futures épouses des trésors de tendresse et d'affection qu'ils ignorent, un besoin constant de dévouement, et une conception parfaite et très nette de la vie morale, du jour où ils auront appris à les comprendre, et auront laissé s'épanouir les qualités qui étaient innées en elles.

Or, pour connaître la femme, il n'y a qu'un moyen, c'est de causer longuement et honnêtement avec elle, car ces causeries apprendront à l'homme que la femme n'est pas ce qu'il pense généralement ; que si elle veut être aimée par le cœur, sa nature est cependant susceptible dans la suite de s'enthousiasmer d'une belle et longue passion, à la condition d'être traitée avec délicatesse, d'être protégée et d'avoir au foyer la place d'honneur qui lui revient.

C'est faute de comprendre cette vérité nécessaire, et c'est aussi pour oser traiter l'épouse comme une des autres femmes rencontrées au cours de sa vie de garçon, que l'homme trouble presque toujours la vie intérieure et détruit la beauté et l'harmonie du foyer.

Ainsi le jeune homme n'a pas seulement le devoir strict d'étudier les avantages et les difficultés du mariage, il doit tout spécialement chercher à se bien pénétrer des qualités et des sentiments de la femme qu'il va être appelé à conseiller, à diriger et à protéger.

Mais si le jeune homme a des obligations de conscience et de cœur envers son épouse, cette dernière en a aussi envers son époux.

Elle doit apporter dans la vie maritale tout son charme, toute sa gaieté et toute son amabilité, car c'est à elle que reviennent l'honneur et le devoir de retenir le mari au foyer, et de lui rendre la maison agréable et hospitalière.

La femme fait le foyer, c'est une vérité absolue.

Si nous voulons donc reconstituer la vraie famille

française, il faut d'abord enseigner aux jeunes gens l'art du mariage et leur rappeler :

Les graves engagements qu'ils vont contracter.

Les obligations qu'ils doivent remplir.

Leurs droits et leurs devoirs pendant la vie conjugale.

Les conséquences et les responsabilités provenant de leurs oublis et de leurs fautes, tant pour eux que pour la famille même.

Et nous verrons aussitôt refleurir à nouveau ces heureux ménages de jadis, où le mari était galant pour la femme, et l'épouse coquette pour l'époux, parce qu'ils s'aimaient sincèrement et qu'ils avaient uni, dans une même tendresse pleine de confiance, leurs cœurs, leurs esprits et leurs âmes, désirant la même chose, marchant d'un même pas dans la vie, au point d'arriver à se ressembler parfois physiquement.

Aussi avec quel respect et quelle admiration les fils et les filles entouraient ces parents âgés et toujours heureux, qui, appuyés tendrement l'un contre l'autre, leur donnaient l'exemple d'une belle et longue vie morale, et qui s'aimaient chaque jour davantage, car ils n'avaient plus qu'une seule et même volonté, n'ayant qu'un même cœur et qu'une même pensée.

NÉCESSITÉ DE L'ÉDUCATION RELIGIEUSE
ET DE LA PRATIQUE DE LA VIE CHRÉTIENNE
DANS LA FAMILLE

Nous avons constaté que la famille traversait actuellement une crise très dangereuse, qui l'amenait rapidement à sa perte, et ébranlait violemment l'édifice social.

Nous avons recherché les causes initiales de ce mal terrible, qui a déjà détruit en partie le bonheur et le charme du foyer et a brisé la vie familiale.

Nous avons bien donné quelques conseils utiles pour étayer la maison qui s'écroule et pour la reconstruire en partie, mais c'est en réalité à l'éducation religieuse et à la pratique de la vie chrétienne qu'il faut demander ces règles indiscutables et surnaturelles qui, seules, peuvent enrayer la maladie du siècle, et donner à nouveau à la jeunesse la force de vivre moralement et utilement la vie domestique, suivant les lois immuables de la sagesse et de la morale, non seulement dans l'intérêt de la famille, mais encore dans celui de la société et de la patrie.

Or, aujourd'hui, nous avons devant nous, d'un côté, l'école moderne, d'après laquelle chacun a le droit de mener sa vie selon ses désirs, ses passions et ses besoins, sous prétexte que, puisque après la mort tout est fini, l'homme doit donc trouver ici-bas toute sa récompense et tout son bonheur.

Pour cette école, le mariage est une simple association, et par suite le foyer n'a de raison d'être que s'il est utile et agréable à l'individu.

En un mot : à chacun sa vie et à chacun son plaisir immédiat, puisqu'il n'y a ni Dieu, ni maître, ni morale, ni conscience ; en conséquence aucune obligation en dehors des règles fixées par le code.

Par contre, nous trouvons l'autre école qui enseigne les devoirs rigoureux envers Dieu, l'obéissance nécessaire à la loi morale, d'où découle la loi civile, et la soumission obligatoire à la voix de la conscience, qui est un des échos de la volonté divine.

D'après cette école, la famille est la conséquence nécessaire d'un sacrement qui lie à jamais deux âmes unies par le mariage, et le foyer est le lieu béni où la famille travaille, se repose et vit en commun, dans l'ordre et l'harmonie.

Sa devise : « Chacun pour tous, et tous pour chacun », répond du reste à ses besoins temporels et à ses besoins spirituels, c'est-à-dire à la vie du corps et à la vie de l'âme.

Mais, comme dans la vie maritale ou dans la vie familiale, les joies sont plus rares que les chagrins, que la lutte est souvent difficile et douloureuse, que le cœur saigne à la recherche d'un bonheur disparu, s'indigne et se révolte, que les tentations sont nombreuses, et qu'enfin les devoirs sont parfois très pénibles à remplir, nous ne pouvons trouver de consolation dans les larmes, de réconfort dans les désillusions de la vie, d'effort dans le combat, d'encouragement dans les jours difficiles, et un peu de ciel bleu dans les ténèbres, que dans l'accomplissement des devoirs chrétiens.

En effet, à l'heure des grandes douleurs morales, quand le cœur désespère et croit tout perdu, quand le foyer devient désert par la trahison d'un des époux et qu'à l'horizon souffle un vent de tempête, quand, affolée par le chagrin, l'épouse qui a droit au bonheur se révolte et rêve de vengeance, qui donc pourra consoler ces âmes qui sont dans la désolation, et qui demain vont peut-être se jeter dans le tourbillon des folies coupables pour s'étourdir, si ce n'est la pratique des vertus chrétiennes ? car, en réalité, l'homme a été créé pour être heureux, et il a autant besoin de bonheur pour son cœur que de pain pour son corps; or, son âme trouvera en Dieu seul, quand la terre l'abandonnera, une félicité suprême qui la guérira et la ravira, alors que l'incroyant se désespère et meurt d'impuissance et de révolte.

Et si, cependant, nous trouvons des hommes de devoir et de belles natures honnêtes et scrupuleuses parmi ceux qui n'ont aucune croyance religieuse, il faut constater que leur nombre est très minime et qu'ils obéissent alors, sans s'en douter, à un restant d'atavisme de famille; et il nous faut les plaindre doublement des efforts qu'ils font pour rester dans le droit chemin, car souffrir sans récompense, et parfois mourir sans espérance, c'est souffrir et mourir deux fois.

N'oublions pas aussi que l'homme doit être religieux, justement parce qu'il a en lui deux sortes de passions : celles qui sont vulgaires et qui proviennent des sens et qui, par suite, sont très dangereuses du jour où elles se réveillent violemment, car, à ce moment, la raison et la volonté disparaissent, — et celles qui sont, au contraire, de grands mouvements de l'âme et de beaux élans du cœur vers ce qui est beau et ce qui est noble.

Or, pour corriger et dompter les premières, et pour

encourager et développer les secondes, c'est encore et toujours aux sublimes enseignements des principes chrétiens qu'il faut avoir recours.

En résumé, l'homme a besoin d'une solide vertu pour se conformer scrupuleusement aux mille petites choses de la vie domestique, et d'une volonté très ferme et d'une haute direction de l'esprit pour se vaincre constamment dans toutes les actions de l'existence journalière, d'autant qu'il devra en maintes circonstances maîtriser sa raison et faire une excessive violence à sa nature.

LE REMARIAGE

Lorsque les époux contractent mariage, c'est dans le but de fonder un foyer, non seulement pour eux, mais pour leurs enfants ; par suite, ils prennent implicitement l'obligation de conserver intact le foyer, dans l'intérêt même et pour le bonheur de tous les membres de la famille ; c'est pourquoi le divorce est condamnable, car, en brisant les liens du mariage, il détruit du même coup le foyer, dont les époux et l'enfant ont besoin pour vivre et prospérer, physiquement et moralement, et auquel ils ont droit.

Mais si le divorce est défendu, le remariage est permis, et il est même très légitime en soi ; cependant, il est nécessaire de rappeler aux époux que, s'ils restent maîtres de leur volonté et s'ils ont des droits indiscutables sur les enfants, ils sont soumis à des lois supérieures de conscience, et qu'ils ont aussi de très grands devoirs envers eux, et tout particulièrement en ce qui touche les avantages matériels et moraux de la famille, dont ils ont la charge, la sauvegarde et la responsabilité.

Dans ces conditions, celui des époux qui veut convoler en secondes noces doit, avant de s'engager à nouveau, s'assurer que le foyer ne sera ni troublé ni détruit, et que l'enfant, loin d'avoir à souffrir de sa vie nouvelle, trouvera, comme dans le passé, l'affection, la direction et l'appui qui lui sont dus et qui lui sont indispensables.

Le foyer domestique doit donc, en principe, rester tel qu'il a été créé par les époux, car il serait immoral et dangereux de le sacrifier à l'intérêt d'un seul.

C'est pourquoi cette question de remariage, quand il y a des enfants, est d'une importance réelle et mérite d'être examinée avec beaucoup de soin et de sagesse, car il est très difficile de concilier le cœur et la raison, et de protéger les intérêts de tous.

Et cependant, si la chose est nécessaire, pour

arriver à une solution pratique et raisonnable, il est du devoir de chacun des membres de la famille ancienne et nouvelle de faire toutes les concessions possibles, afin de vivre dorénavant en parfaite intelligence et en bonne harmonie.

QUELQUES CONSEILS UTILES

La force de caractère est une qualité supérieure qui nous aide à pratiquer la vertu ; par conséquent, celui qui ne sait pas dompter son caractère n'est pas digne de commander, et il est même souvent incapable de se soumettre et d'obéir.

Dans la pratique de la vie domestique, il y a certaines qualités indispensables à posséder et certains défauts à éviter, si on veut vivre heureux, car, pour endurer toute son existence avec douceur et avec amour les petits défauts et les manies de ceux qui nous entourent, il faut en vérité être déjà très avancé dans la vertu et savoir se maîtriser soi-même.

Dans vie la domestique, nous devons arrondir nos angles pour ne pas blesser notre prochain, et ménager l'amour-propre des autres pour ne pas choquer leurs opinions.

Si les parents doivent réprimer avec sévérité

l'égoïsme et l'orgueil chez leurs enfants, ils ont, par contre, le devoir rigoureux de conscience de développer chez ces derniers la confiance en eux-mêmes, basée, bien entendu, sur le raisonnement et l'étude de leur personnalité, car la défiance en soi sans aucun motif est une faute grave, dont les conséquences peuvent être dangereuses, puisqu'elle met l'homme hésitant et craintif dans un état d'infériorité constant par rapport aux tiers, et le rend injuste envers ceux qui lui portent intérêt, en le faisant douter sans cesse et sans raison de lui et des autres.

De même, le doute perpétuel dans la parole d'autrui, sous prétexte d'humilité ou de modestie, est en réalité un acte insupportable d'orgueil, qui nuit aux bonnes relations de la vie courante.

N'entendez pas prétentieusement imposer vos idées, car les autres ont aussi le droit d'émettre les leurs, d'autant que vous n'êtes pas chargé de réformer le monde.

La raideur est un défaut désagréable dans la vie familiale et dans la vie sociale.

Il ne suffit pas d'être actif, il faut encore savoir user de son activité avec intelligence, avec sagesse et avec ordre, autrement on devient insupportable, car cette excessive activité dévore la vie, absorbe l'esprit, use nos forces sans aucun profit, pour devenir, à un moment donné, un défaut très ennuyeux pour ceux qui nous entourent.

Il faut être bon, aimable et serviable dans la famille et avec ses amis, mais sans faiblesse coupable, autrement nous favorisons leurs défauts au détriment de la justice, de la morale et de la raison.

Il faut éviter la susceptibilité et la rancune, qui grossissent à tort les défauts d'autrui.

L'inégalité d'humeur nuit au charme de la vie familiale.

L'esprit de contradiction nous amène à critiquer sans raison les gestes et les habitudes d'autrui.

Il faut :

modérer notre vivacité naturelle, parce qu'elle nous rend injustes ;

réprimer l'impatience, qui développe généralement notre orgueil et trouble notre raison ;

combattre le besoin de critiquer les autres, si nous ne voulons pas être critiqués nous-mêmes ;

empêcher l'imagination vagabonde de se donner libre cours, afin de ne pas exagérer les faits ;

réprimer toute tendance exagérée à une trop vive sensibilité, car elle absorbe bien vite notre raison et notre caractère ;

maîtriser nos impressions et attendre le retour du calme pour prendre une sage résolution ;

chasser l'égoïsme et l'avarice qui dessèchent le cœur, et qui sont deux vices odieux et méprisables ;

développer, au contraire, les qualités du cœur et de l'âme pour le bonheur de la vie familiale.

RÉSUMÉ ET CONCLUSION

Il ressort de cette étude, que la famille doit obéir aux trois lois naturelles et morales suivantes :

1° A la loi de stabilité ;

2° A la loi d'autorité ;

3° A la loi d'amour.

Que faute d'avoir compris cette vérité, la famille moderne s'est en partie écroulée dans le désordre.

En effet, la famille a été d'abord détruite :

Par toute une série de lois néfastes.

Par la faute coupable de ceux qui en avaient la charge et la garde.

Par toute une série de causes modernes dont les effets sont désastreux.

Par l'abandon de la pratique des devoirs religieux au foyer domestique.

Et ensuite par cette guerre criminelle qui a tout bouleversé.

Or, la famille est indispensable à l'individu et à la société; il faut donc nécessairement reconstruire l'édifice familial et rétablir le foyer; par conséquent, l'éducation de la famille s'impose comme une obligation sociale et morale.

Mais il y a lieu de bien déterminer l'objet et le but de la famille, ainsi que le rôle, les droits et les devoirs de chacun de ses membres, afin d'assurer au foyer familial toute sa vitalité et sa prospérité.

Maintenant que nous connaissons les causes intérieures qui ont renversé la famille, il faut réagir au plus vite et combattre le mal avec une grande énergie, en lui apportant les remèdes nécessaires à sa guérison et au maintien de sa santé physique et morale.

De plus, comme le bonheur et la grandeur de la famille dépendent surtout des qualités naturelles et morales des époux, il est indispensable d'apprendre aux jeunes gens qui vont contracter mariage, que la vie conjugale n'est pas facile à vivre, et qu'elle demande la pratique des vertus spéciales et une étude très approfondie de ses obligations nombreuses et délicates; qu'en réalité elle réclame du mari une connaissance très nette des qualités et des besoins de là femme, afin qu'ils puissent remplir tous deux, sans contrainte, le rôle sublime qu'ils sont appelés à jouer et dont ils auront à supporter les responsabilités devant Dieu et devant la patrie.

Enfin, il faut rappeler aux futurs époux :

A) Que le mariage a pour but la constitution du foyer, dans l'intérêt du père, de la mère et de l'enfant.

B) Que, par conséquent, la loi du divorce est une loi immorale et anti-sociale, puisqu'elle prive l'un des époux et les enfants de tous les avantages de la vie familiale, à laquelle tous les membres de la famille ont un droit absolu et constant, et qu'elle jette ainsi le trouble et le désordre dans la famille et dans la société.

C) Qu'en effet, le mariage est un contrat d'un ordre particulier, qui est un engagement solennel, et qui ne doit pas pouvoir être rompu ; qu'il y a donc lieu de réfléchir avant de contracter mariage ; que si la loi en autorise la rupture, elle doit exiger des raisons extrêmement graves et faire encourir, de ce fait, à celui qui succombera dans l'instance, une amende importante et une condamnation corporelle à titre de dommages et intérêts et de pénalité, car, en vérité, il y va de l'honneur de la jeune fille et du bonheur de l'enfant, lesquels méritent bien d'être défendus et protégés physiquement et moralement.

Ainsi, au lendemain des épreuves douloureuses que nous traversons et qui ont détruit le foyer, il est du devoir de chacun de nous de refaire au plus vite la famille plus nombreuse et le foyer plus heureux, afin d'avoir une patrie plus glorieuse et plus forte et d'y développer toutes les qualités morales de la vie chrétienne.

D'où la nécessité impérieuse dans la famille de pratiquer la vraie vie religieuse, car elle seule peut tracer une ligne de conduite parfaite, diriger, éclairer et consoler ses membres, et leur donner à tous la force et le courage pour remplir normalement et moralement et avec sérénité leurs devoirs difficiles et parfois douloureux, puisque, en bien des circonstances, il leur faut faire violence à leur nature humaine et abdiquer leur volonté pour assurer la paix du ménage et le bonheur de la famille, jusqu'au jour, cependant, où les époux sauront trouver dans leur tendresse réciproque et dans leurs sentiments chrétiens un tel charme, qu'ils n'auront plus alors qu'une pensée, qu'un désir et qu'un même cœur.

BAR-LE-DUC — IMPRIMERIE SAINT-PAUL
36, BOULEVARD DE LA BANQUE — 1162,4,18.